Impressum
Verlag: BABADADA GmbH, Nedderfeld 112 , 22529 Hamburg
Geschäftsführer / Verlagsleitung: Harald Hof
Druck: Books on Demand GmbH, In de Tarpen 42, 22848 Norderstedt

Imprint
Publisher: BABADADA GmbH, Nedderfeld 112 , 22529 Hamburg, Germany
Managing Director / Publishing direction: Harald Hof
Print: Books on Demand GmbH, In de Tarpen 42, 22848 Norderstedt, Germany

学校
skola

除
dividera

186/2

黑板
tavla

教室
klassrum

校园
skolgård

老师
lärare

纸
papper

书写
skriva

钢笔
penna

办公桌
skrivbord

直尺
linjal

书
bok

学生
elev

书包
skolväska

铅笔盒
pennfodral

铅笔
blyertspenna

卷笔刀
pennvässare

橡皮擦
suddgummi

画板
ritblock

图画
teckning

画笔
pensel

颜料盒
málarláda

剪刀
sax

胶水
lim

练习册
övningsbok

家庭作业
hemläxa

数字
tal

加
addera

减
subtrahera

乘
multiplicera

计算
räkna

A

字母
bokstav

ABCDEFG HIJKLMN OPQRSTU VWXYZ

字母表
alfabet

hello

字
ord

课文

text

读

läsa

粉笔

krita

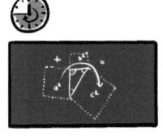

上课

lektion

登记

register

考试

prov

证书

intyg

校服

skoluniform

教育

utbildning

百科全书

uppslagsverk

大学

universitet

显微镜

mikroskop

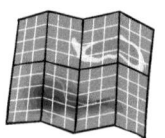

地图

karta

废纸筐

papperskorg

酒店
hotell

Grand

青年旅社
vandrarhem

ROOMS

外币兑换处
växelkontor

EXCHANGE

手提箱
resväska

汽车
bil

语言

språk

是/否

ja / nej

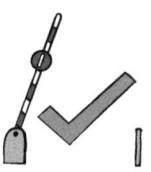

好的

Okay

您好

hej

翻译员

översättare

谢谢

Tack

......多少钱？

hur mycket kostar...?

我不明白

jag förstår inte

问题

problem

晚上好！

God kväll!

早上好！

God morgon!

晚安！

God natt!

再见

hejdå

方向

riktning

行李

bagage

包

väska

双肩包

ryggsäck

客人

gäst

房间

rum

睡袋

sovsäck

帐篷

tält

旅游信息

turistinformation

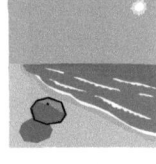

海滩

strand

信用卡

kreditkort

早餐

frukost

午餐

lunch

晚餐

middag

票

biljett

电梯

hiss

邮票

frimärke

边界

gräns

海关

tull

大使馆

ambassad

签证

visum

护照

pass

交通运输

transport

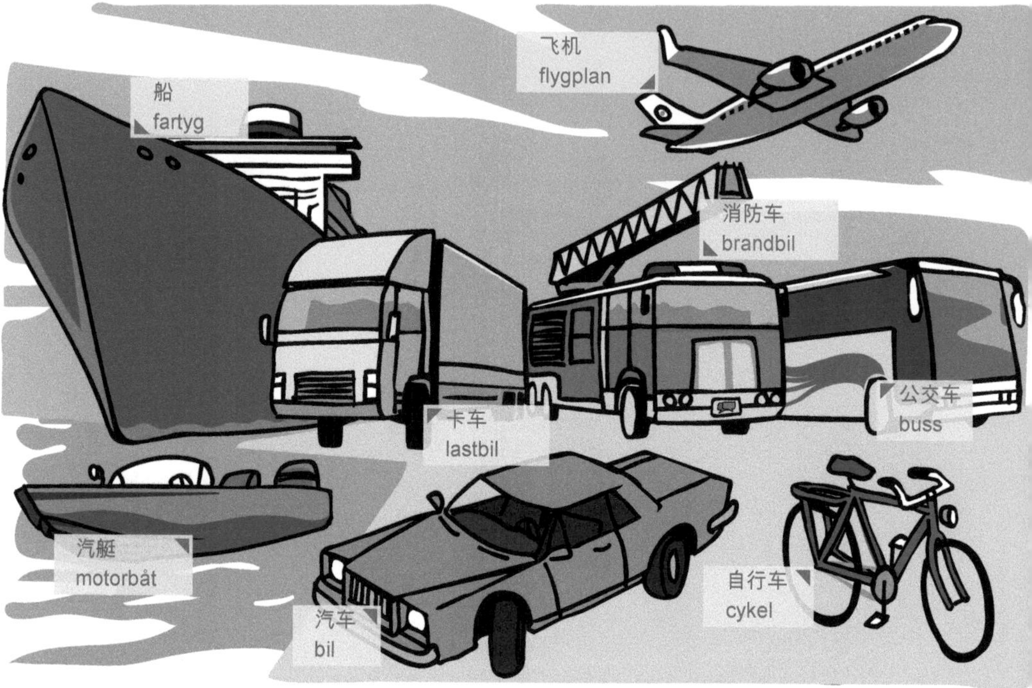

飞机
flygplan
船
fartyg
消防车
brandbil
公交车
buss
卡车
lastbil
汽艇
motorbåt
自行车
cykel
汽车
bil

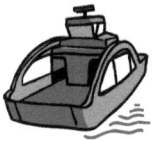

摆渡船

färja

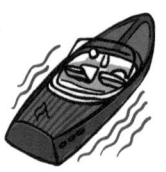

小船

båt

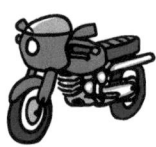

摩托车

motorcykel

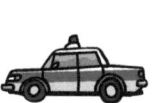

警车

polisbil

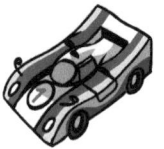

赛车

racerbil

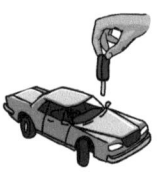

租车

hyrbil

拼车
bilpool

拖车
bärgningsbil

垃圾车
sopbil

发动机
motor

汽油
bränsle

加油站
bensinstation

交通标志
vägmärke

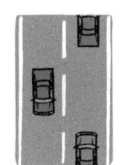

交通
trafik

交通堵塞
bilkö

停车场
parkeringsplats

火车站
tågstation

轨道
räls

火车
tåg

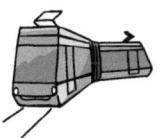

电车
spårvagn

货车
vagn

直升机
helikopter

机场
flygplats

塔
torn

乘客
passagerare

集装箱
container

纸板箱
kartong

手推车
vagn

篮子
korg

起飞/降落
starta / landa

城市

stad

村庄
by

市中心
centrum

房子
hus

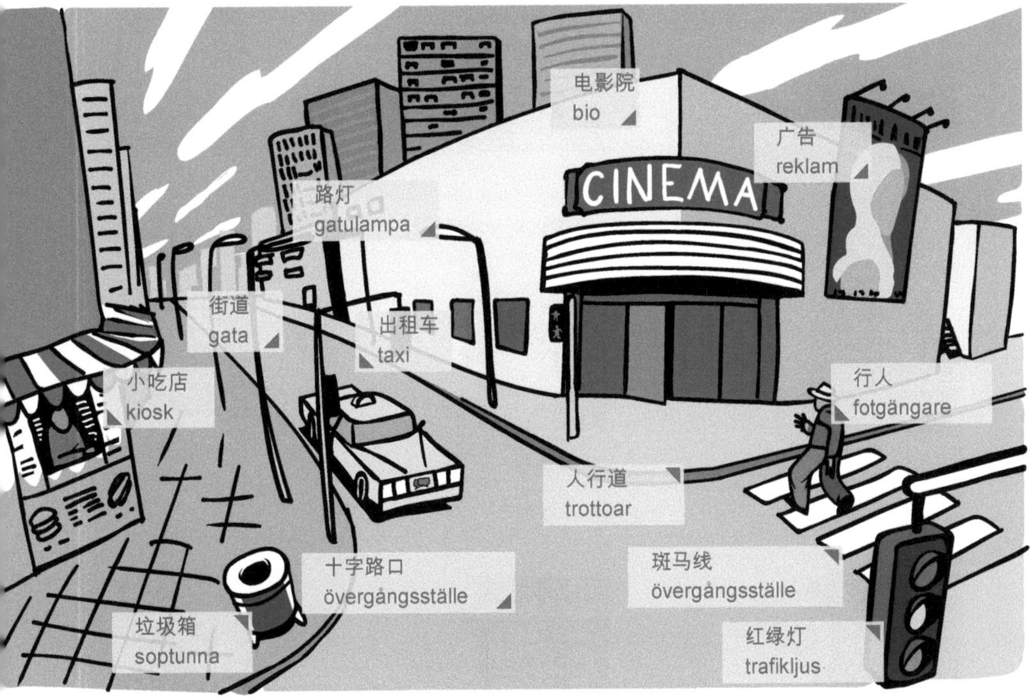

电影院
bio
广告
reklam
CINEMA
路灯
gatulampa
街道
gata
出租车
taxi
小吃店
kiosk
行人
fotgängare
人行道
trottoar
十字路口
övergångsställe
斑马线
övergångsställe
垃圾箱
soptunna
红绿灯
trafikljus

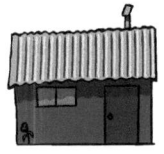

小屋

stuga

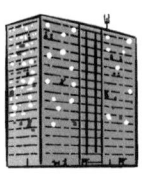

公寓

lägenhet

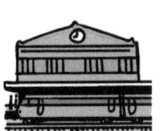

火车站

tågstation

市政厅

stadshus

MUSEUM

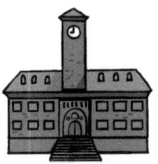

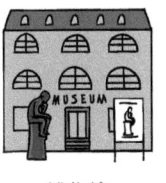

博物馆

museum

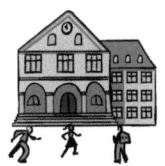

学校

skola

大学
universitet

银行
bank

医院
sjukhus

酒店
hotell

药房
apotek

办公室
kontor

书店
bokhandel

商店
affär

花店
blomsterbutik

超市
stormarknad

市场
marknad

百货商店
varuhus

鱼店
fiskhandlare

购物中心
köpcentrum

海港
hamn

公园
park

长凳
bänk

桥
brygga

楼梯
trappa

地铁
tunnelbana

隧道
tunnel

公交车站
busshållplats

酒吧
bar

餐馆
restaurang

邮筒
brevlåda

路标
gatuskylt

停车计时器
parkeringsautomat

动物园
zoo

游泳馆
simbassäng

清真寺
moské

农场
bondgård

污染
förorening

基地
kyrkogård

教堂
kyrka

操场
lekplats

寺庙
tempel

地形
landskap

树叶
löv

指示牌
vägskylt

路
väg

草地
äng

石头
sten

徒步旅行
者
liftare

树
träd

河
flod

草
gräs

花
blomma

峡谷
dal

山
kulle

湖
sjö

森林
skog

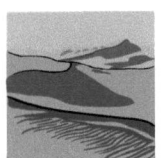

沙漠
öken

火山
vulkan

城堡
slott

彩虹
regnbåge

蘑菇
svamp

棕榈树
palm

蚊子
mygga

苍蝇
fluga

蚂蚁
myra

蜜蜂
bi

蜘蛛
spindel

甲虫
skalbagge

青蛙
groda

松鼠
ekorre

刺猬
igelkott

野兔
hare

猫头鹰
uggla

鸟
fågel

天鹅
svan

野猪
vildsvin

鹿
rådjur

麋鹿
älg

水坝
damm

风力发电机
vindkraftverk

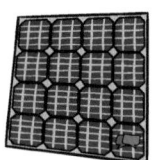

太阳能电池板
solcellspanel

气候
klimat

餐馆

restaurang

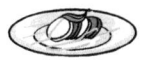

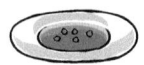

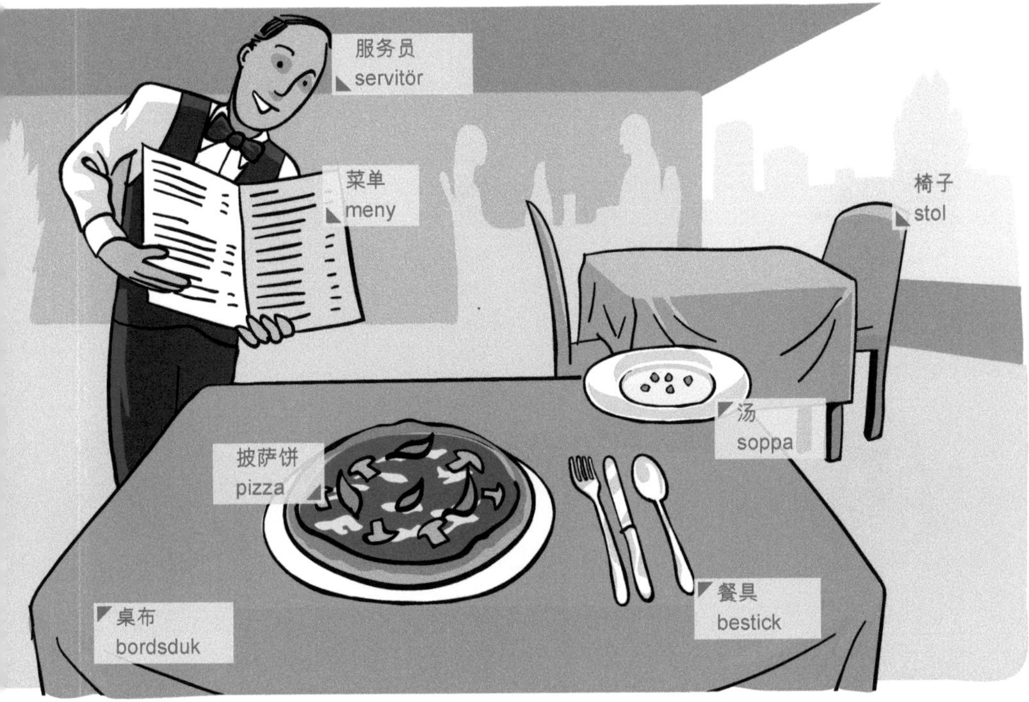

服务员
servitör
菜单
meny
椅子
stol
汤
soppa
披萨饼
pizza
餐具
bestick
桌布
bordsduk

前菜

förrätt

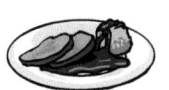

主菜

huvudrätt

甜点

dessert

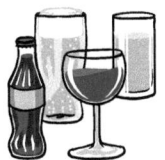

饮料

drycker

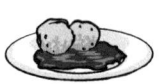

食物

mat

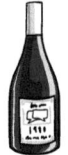

瓶子

flaska

快餐
snabbmat

街边小吃
street food

茶壶
tekanna

糖盒
sockerskål

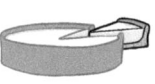

一份饭菜
portion

意式咖啡机
espressomaskin

高脚椅
barnstol

账单
räkning

托盘
bricka

刀
kniv

餐叉
gaffel

勺子
sked

茶匙
tesked

餐巾
servett

玻璃杯
glas

碟子

tallrik

汤盘

sopptallrik

碟子

tefat

酱

sås

盐瓶

saltkar

胡椒磨

pepparkvarn

醋

vinäger

食用油

olja

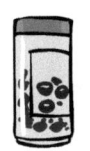

调味料

kryddor

番茄酱

ketchup

芥末

senap

蛋黄酱

majonnäs

超市

stormarknad

特价
specialerbjudande
FOR
顾客
kund
乳制品
mejeriprodukter
水果
frukt
购物车
varukorg

BUTCHERS

肉铺

charkuteri

BAKERY

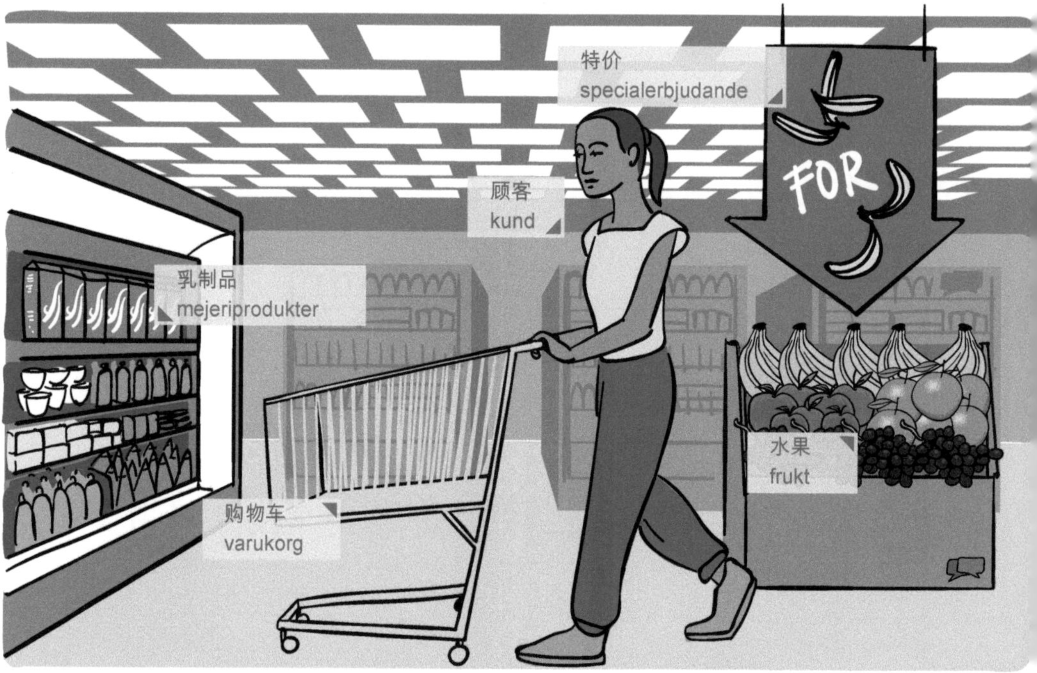

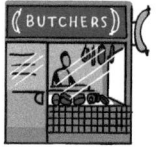

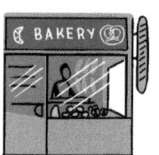

面包房

bageri

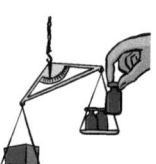

称重

väga

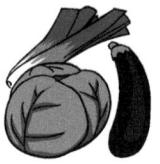

蔬菜

grönsaker

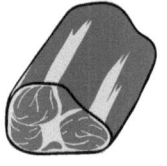

肉

kött

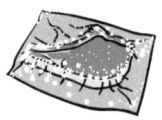

冷冻食品

frysta livsmedel

冷盘
pålägg

罐头食品
konserver

洗衣粉
tvättmedel

甜食
godis

日用品
hushållsprodukter

清洁用品
rengöringsmedel

销售员
försäljare

收银机
kassa

收银员
kassör

购物清单
inköpslista

开放时间
öppettider

钱包
plånbok

信用卡
kreditkort

袋子
väska

塑料袋
plastpåse

水

vatten

果汁

juice

牛奶

mjölk

可乐

cola

红酒

vin

啤酒

öl

酒

alkohol

可可

kakao

茶

te

咖啡

kaffe

意式浓缩咖啡

espresso

卡布奇诺

cappuccino

香蕉

banan

苹果

äpple

橙子

apelsin

西瓜

melon

柠檬

citron

胡萝卜

morot

大蒜

vitlök

竹子

bambu

洋葱

lök

蘑菇

svamp

坚果

nötter

面条

nudlar

意大利面条

spaghetti

米饭

ris

沙拉

sallad

薯条

pommes frites

炸土豆

stekt potatis

披萨饼

pizza

汉堡包

hamburgare

三明治

smörgås

炸猪排

schnitzel

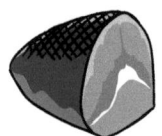

火腿

skinka

萨拉米

salami

香肠

korv

鸡肉

kyckling

烤肉

stek

鱼

fisk

燕麦片

havregryn

穆兹利

müsli

玉米片

cornflakes

面粉

mjöl

羊角面包

croissant

面包卷

fralla

面包

bröd

烤面包

rostat bröd

饼干

kex

黄油

smör

凝乳

kvarg

蛋糕

kaka

蛋

ägg

煎蛋

stekt ägg

奶酪

ost

冰激凌

glass

糖

socker

蜂蜜

honung

果酱

sylt

巧克力酱

nougatkräm

咖喱饭

curry

农场

bondgård

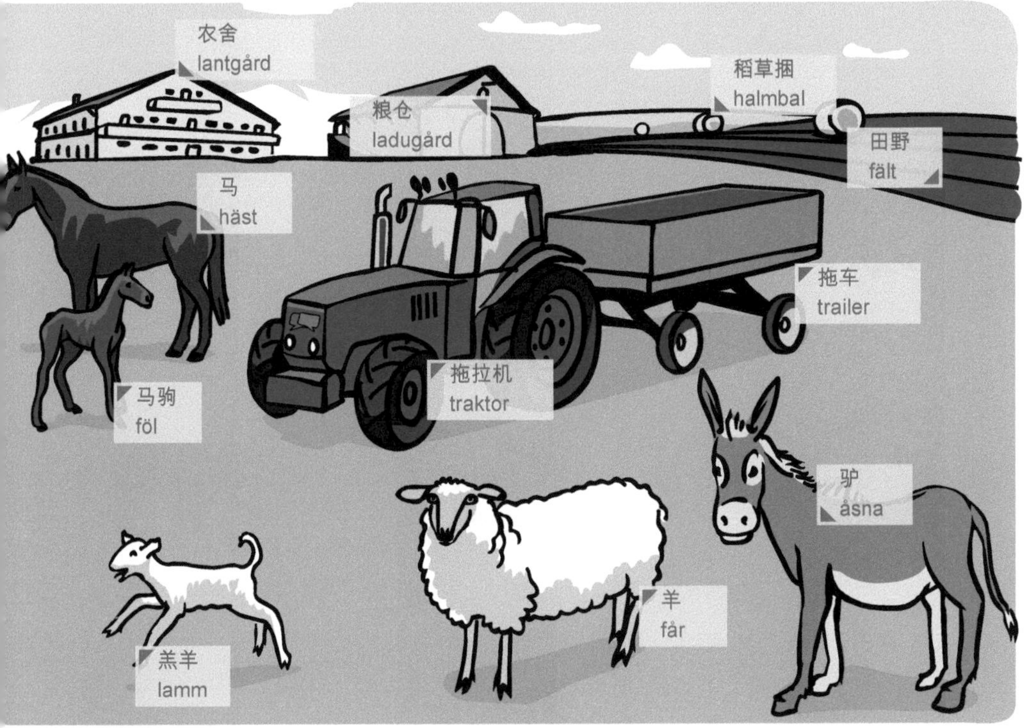
农舍
lantgård
粮仓
ladugård
稻草捆
halmbal
田野
fält
马
häst
拖车
trailer
拖拉机
traktor
马驹
föl
驴
åsna
羊
får
羔羊
lamm

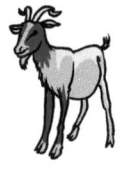

山羊

get

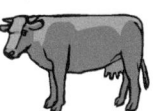

奶牛

ko

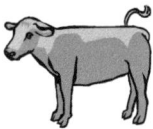

牛犊

kalv

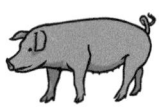

猪

gris

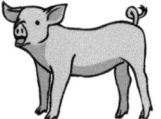

小猪

griskulting

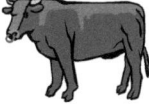

公牛

tjur

鹅

gås

鸭

anka

小鸡

kyckling

母鸡

höna

公鸡

tupp

鼠

råtta

猫

katt

老鼠

mus

牛

oxe

狗

hund

狗屋

hundkoja

花园浇水软管

trädgårdsslang

洒水壶

vattenkanna

长柄大镰刀

lie

犁

plog

镰刀

skära

锄头

hacka

长柄草耙

högaffel

斧头

yxa

独轮手推车

skottkärra

饲料槽

tråg

牛奶罐

mjölkflaska

麻布袋

säck

栅栏

staket

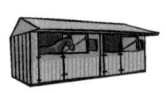

马厩

stall

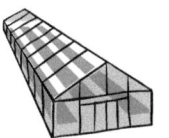

温室

växthus

土壤

jord

种子

säd

肥料

gödsel

联合收割机

skördetröska

收割
skörda

收割
skörd

山药
jams

小麦
vete

大豆
soja

土豆
potatis

玉米
majs

油菜籽
raps

果树
fruktträd

树薯
maniok

谷物
spannmål

烟囱
skorsten

屋顶
tak

落水管
stuprör

窗户
fönster

车库
garage

门铃
dörrklocka

门
dörr

垃圾桶
soptunna

信箱
brevlåda

花园
trädgård

客厅
vardagsrum

浴室
badrum

厨房
kök

卧室
sovrum

儿童房
barnrum

餐厅
matsal

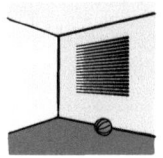

地板

golv

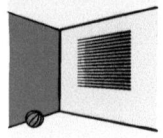

墙壁

vägg

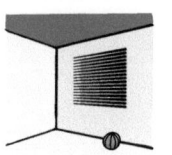

吊顶

tak

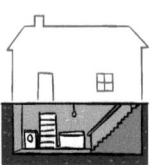

地窖

källare

桑拿

bastu

阳台

balkong

露台

terrass

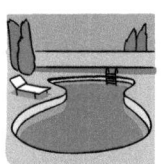

游泳池

bassäng

割草机

gräsklippare

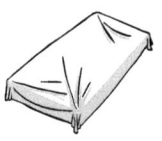

被单

lakan

床罩

överkast

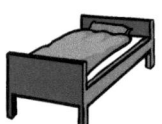

床

säng

扫帚

kvast

水桶

hink

开关

strömbrytare

客厅

vardagsrum

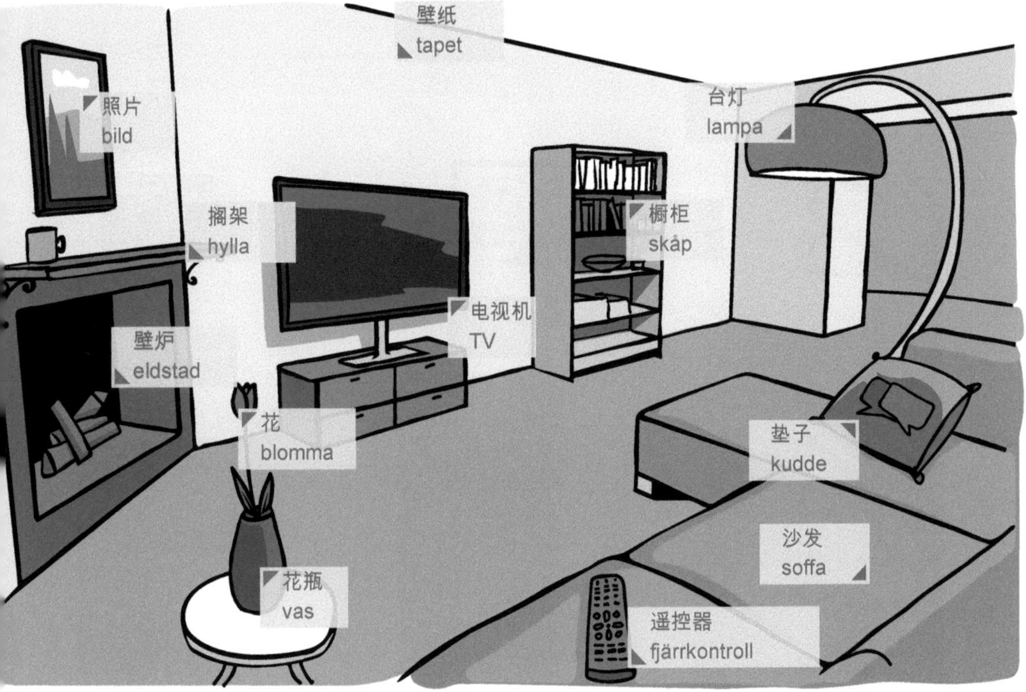

壁纸
tapet
照片
bild
台灯
lampa
搁架
hylla
橱柜
skåp
电视机
TV
壁炉
eldstad
花
blomma
垫子
kudde
沙发
soffa
花瓶
vas
遥控器
fjärrkontroll

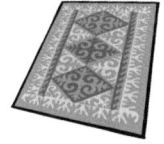

地毯

matta

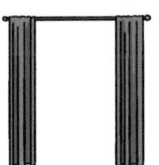

窗帘

gardin

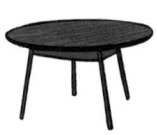

餐桌

bord

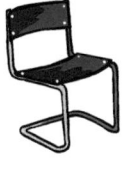

椅子

stol

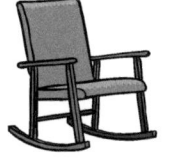

摇椅

gungstol

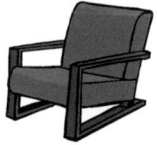

扶手椅

fåtölj

书

bok

毯子

filt

装饰品

dekoration

木柴

vedträ

电影

film

高保真音响

stereoanläggning

钥匙

nyckel

报纸

dagstidning

油画

målning

海报

poster

收音机

radio

笔记本

anteckningsbok

吸尘器

dammsugare

仙人掌

kaktus

蜡烛

stearinljus

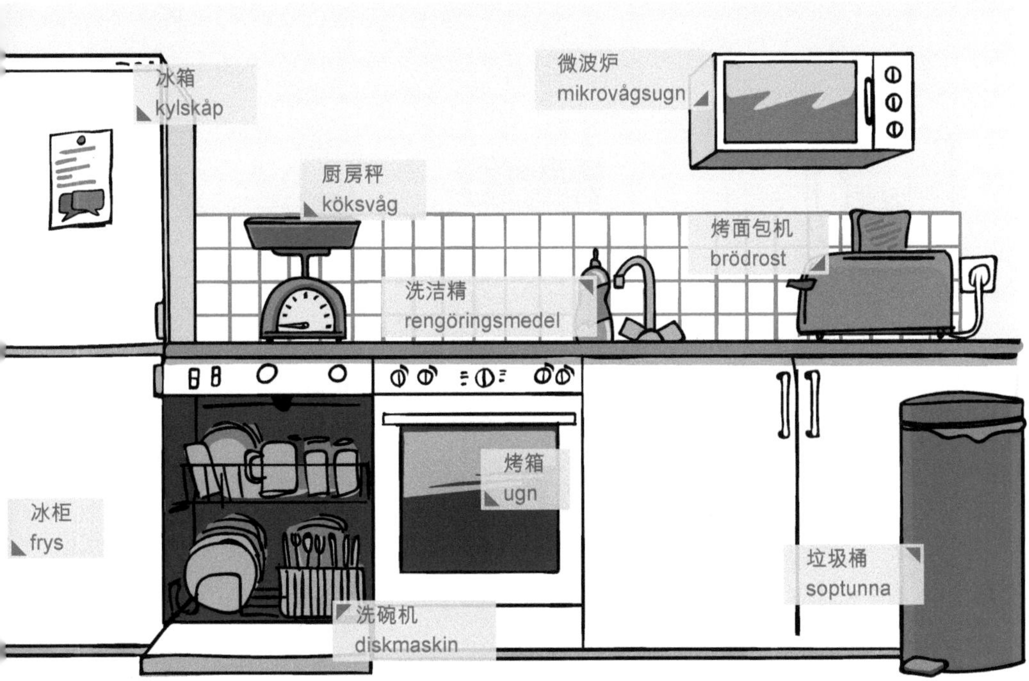

冰箱
kylskåp

微波炉
mikrovågsugn

厨房秤
köksvåg

烤面包机
brödrost

洗洁精
rengöringsmedel

冰柜
frys

烤箱
ugn

垃圾桶
soptunna

洗碗机
diskmaskin

炊具
spis

锅
kastrull

铸铁锅
järngryta

炒锅
wok / kadai

平底锅
stekpanna

水壶
vattenkokare

蒸锅

ångkokare

烤盘

bakplåt

陶瓷锅

porslin

马克杯

mugg

碗

skål

筷子

ätpinnar

长柄勺

soppslev

铲子

stekspade

搅拌器

visp

滤网

durkslag

筛子

sil

磨碎机

rivjärn

研钵

mortel

烧烤

grill

明火

brasa

菜板
skärbräda

擀面杖
kavel

开瓶器
korkskruv

罐子
burk

开罐器
burköppnare

隔热手套
grytlapp

水槽
vask

刷子
borste

海绵
svamp

搅拌机
mixer

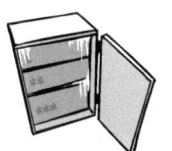

冷藏箱
frys

奶瓶
nappflaska

水龙头
kran

浴室

badrum

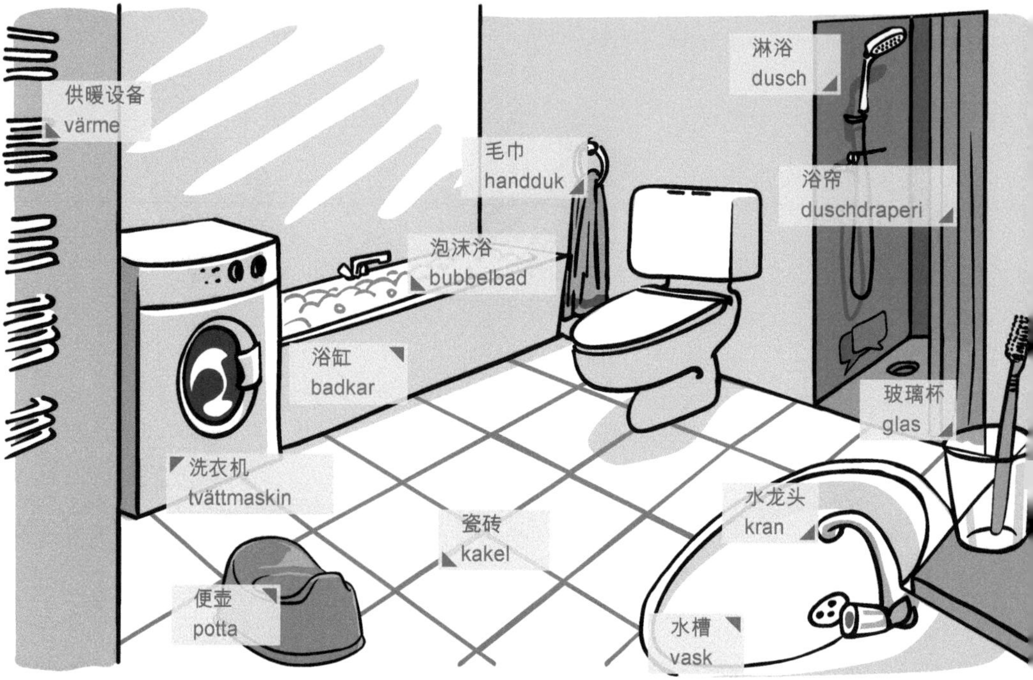

供暖设备
värme
淋浴
dusch
毛巾
handduk
浴帘
duschdraperi
泡沫浴
bubbelbad
浴缸
badkar
玻璃杯
glas
洗衣机
tvättmaskin
水龙头
kran
瓷砖
kakel
便壶
potta
水槽
vask

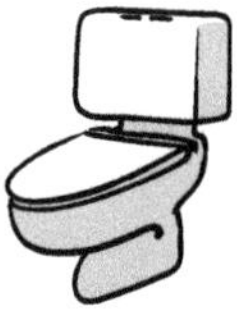

厕所

toalett

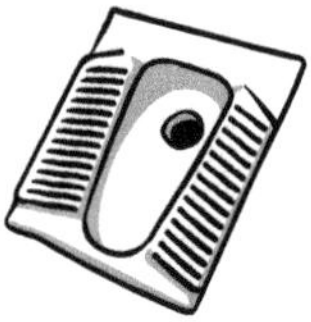

蹲便器

låg toalett

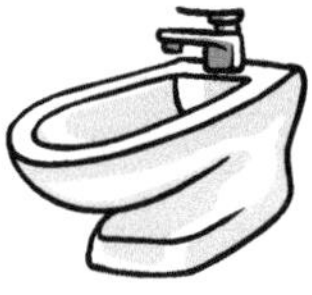

坐浴器

bidet

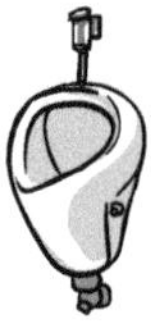

小便池

pissoar

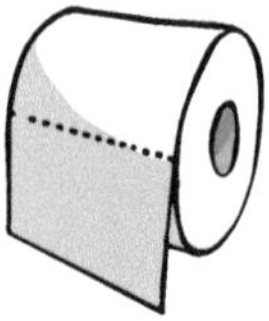

厕纸

toalettpapper

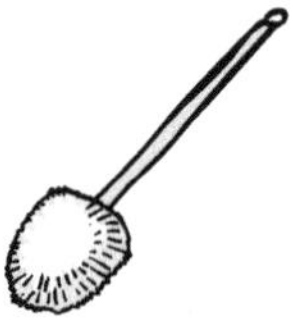

马桶刷

toalettborste

牙刷
tandborste

牙膏
tandkräm

牙线
tandtråd

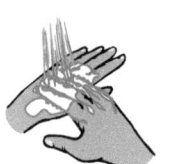

洗
tvätta

手持式喷淋头
handdusch

冲洗器
intimdusch

洗脸盆
handfat

擦背刷
ryggborste

肥皂
tvål

沐浴露
duschgel

洗发水
schampo

法兰绒
trasa

排水
avlopp

乳霜
crème

除臭剂
deodorant

镜子

spegel

手镜

handspegel

剃须刀

rakhyvel

剃须泡沫

raklödder

须后水

rakvatten

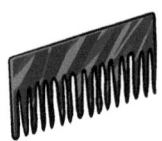

梳子

kam

刷子

borste

吹风机

hårtork

喷发定型剂

hårspray

化妆品

smink

唇膏

läppstift

指甲油

nagellack

化妆棉

bomullsvadd

指甲剪

nagelsax

香水

parfym

洗漱包

necessär

凳子

pall

计重秤

våg

浴袍

badrock

橡胶手套

gummihandskar

卫生棉条

tampong

卫生巾

binda

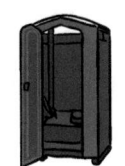

化学厕所

kemisk toalett

儿童房

barnrum

闹钟
väckarklocka
毛绒玩具
gosedjur
玩具车
leksaksbil
拨浪鼓
skallra
玩具屋
dockhus
礼物
present

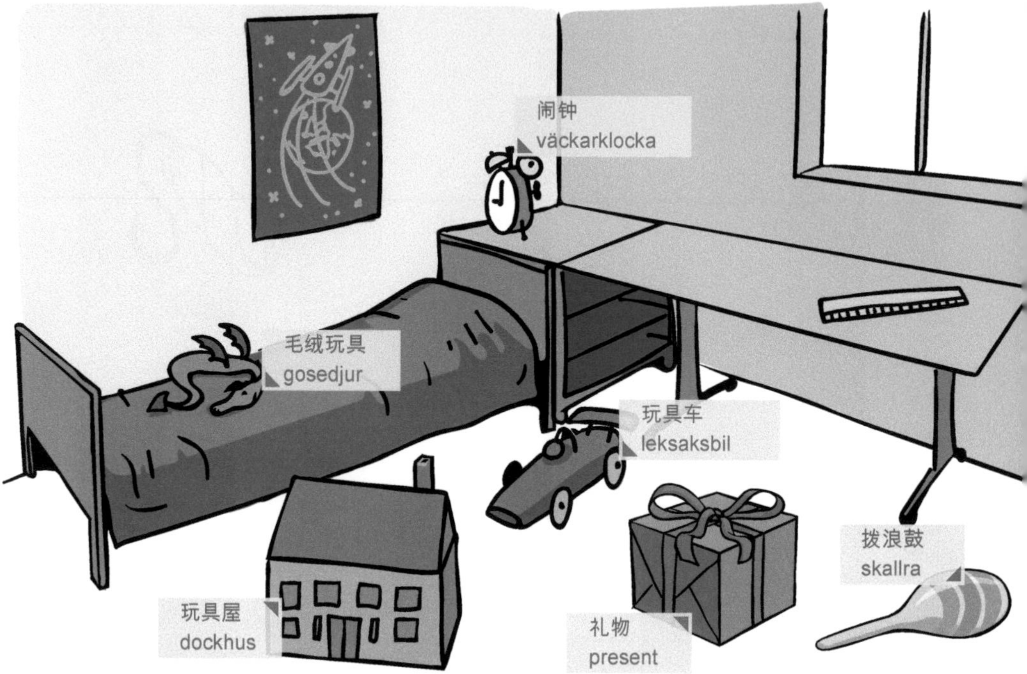

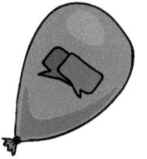

气球

ballong

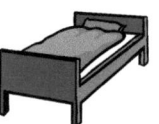

床

säng

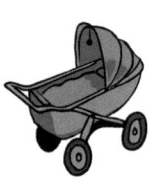

（洋娃娃用）婴儿车

barnvagn

扑克牌

kortlek

拼图

pussel

SUPER MEGA

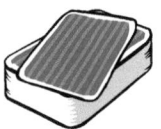

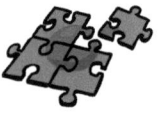

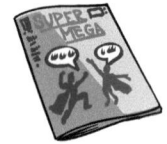

漫画

serietidning

乐高积木
legobitar

积木玩具
klossar

玩具人
actionfigur

婴儿服
sparkdräkt

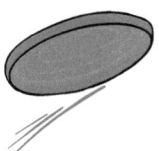

飞盘
frisbee

床铃玩具
mobil

棋盘游戏
brädspel

骰子
tärning

火车模型
modelljärnväg

安抚奶嘴
napp

聚会
party

绘本
bilderbok

球
boll

洋娃娃
docka

玩
spela

沙坑

sandlåda

秋千

gunga

玩具

leksaker

游戏机

spelkonsol

三轮车

trehjuling

泰迪熊

nalle

衣柜

garderob

衣服
kläder

袜子

sockar

长袜

strumpor

紧身裤

tights

围巾
halsduk

雨伞
paraply

T恤
t-shirt

皮带
bälte

靴子
stövlar

拖鞋
tofflor

运动鞋
sneakers

凉鞋
sandaler

鞋
skor

雨靴
gummistövlar

内裤
underbyxor

胸罩
BH

背心
linne

衣服 - kläder   45

身体
body

裤子
byxor

牛仔裤
jeans

短裙
kjol

女式衬衫
blus

衬衫
skjorta

套头衫
pullover

卫衣
sweater

西装夹克
blazer

夹克
jacka

外套
kappa

雨衣
regnjacka

套装
dräkt

连衣裙
klänning

婚纱
bröllopsklänning

西装
kostym

睡袍
nattlinne

睡衣
pyjamas

莎丽
sari

头巾
slöja

包头巾
turban

波卡
burka

卡夫坦
kaftan

(阿拉伯式)长袍长袍
abaya

泳衣
baddräkt

男式泳裤
badbyxor

短裤
shorts

运动服
träningsoverall

围裙
förkläde

手套
handskar

纽扣
knapp

眼镜
glasögon

手链
armband

项链
halsband

戒指
ring

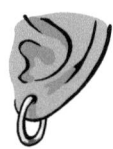

耳环
örhänge

便帽
mössa

衣架
galge

帽子
hatt

领带
slips

拉链
dragkedja

头盔
hjälm

背带
hängslen

校服
skoluniform

制服
uniform

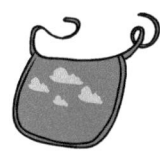

围兜
haklapp

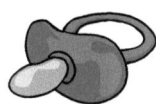

安抚奶嘴
napp

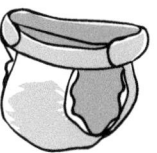

尿不湿
blöja

办公室
kontor

服务器
server
文件柜
dokumentskåp
打印机
skrivare
纸
papper
显示屏
bildskärm
鼠标
mus
办公桌
skrivbord
文件夹
mapp
键盘
tangentbord
废纸筐
papperskorg
电脑
dator
椅子
stol

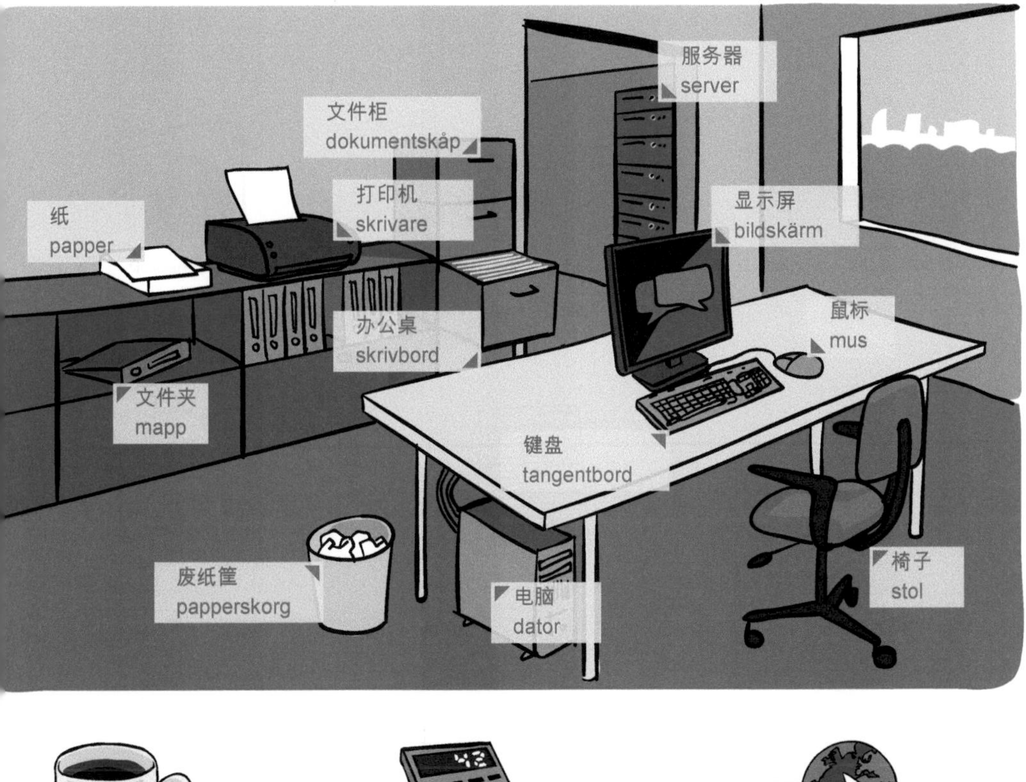

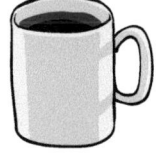

咖啡杯
kaffemugg

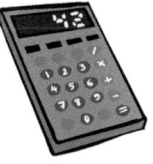

计算器
miniräknare

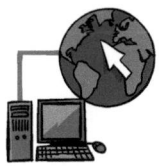

因特网
internet

笔记本电脑

bärbar dator

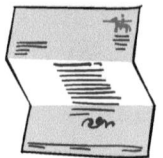

信件

brev

消息

meddelande

手机

mobiltelefon

网络

nätverk

复印机

kopieringsapparat

软件

programvara

电话

telefon

插座

vägguttag

传真机

fax

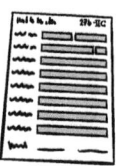

表格

blankett

文件

dokument

买

köpa

付钱

betala

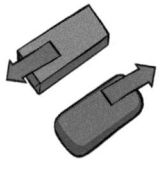

交易

handla

现金

pengar

美元

dollar

欧元

euro

日元

yen

卢布

rubel

瑞士法郎

schweizisk franc

人民币

renminbi yan

卢比

rupie

提款处

bankomat

外币兑换处
växelkontor

金
guld

银
silver

石油
olja

能源
energi

价格
pris

合同
kontrakt

税金
skatt

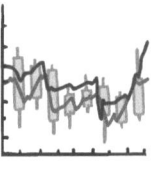

股票
aktie

工作
arbeta

职员
anställd

老板
arbetsgivare

工厂
fabrik

商店
affär

职业

yrken

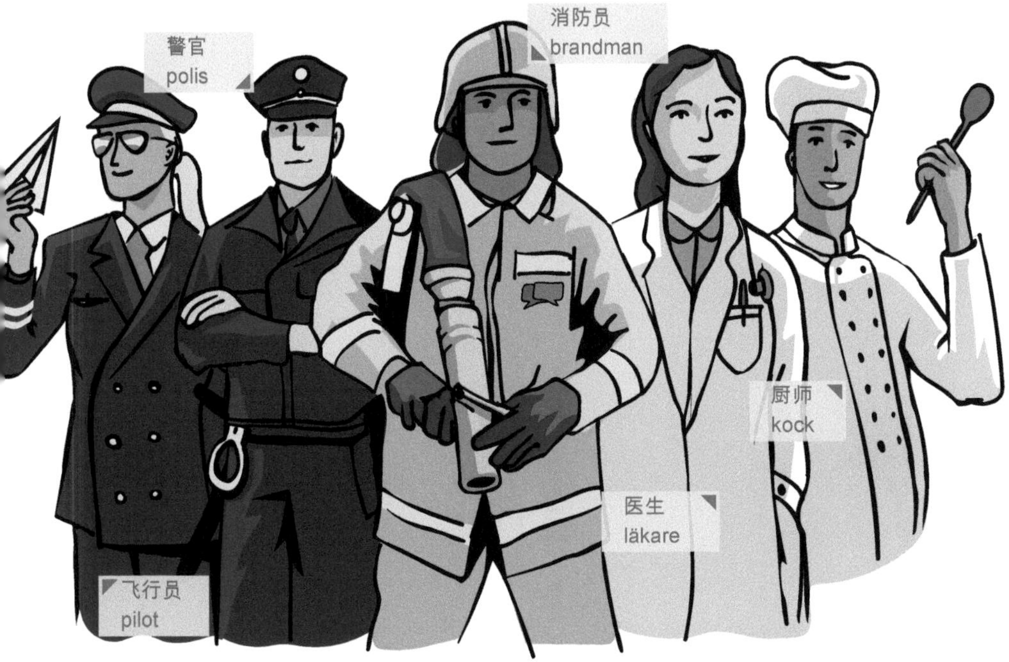
警官
polis
消防员
brandman
厨师
kock
医生
läkare
飞行员
pilot

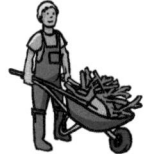

园丁

trädgårdsmästare

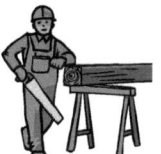

木匠

snickare

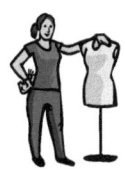

裁缝

sömmerska

法官

domare

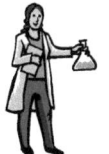

化学家

kemist

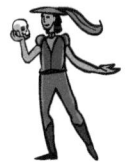

演员

skådespelare

公交车司机

busschaufför

出租车司机

taxichaufför

渔夫

fiskare

清洁女工

städerska

屋顶工

takläggare

服务员

servitör

猎人

jägare

画家

målare

面包师

bagare

电工

elektriker

建筑工人

byggarbetare

工程师

ingenjör

屠夫

slaktare

水管工

rörmokare

邮递员

brevbärare

士兵
soldat

建筑师
arkitekt

收银员
kassör

花农
florist

理发师
frisör

售票员
konduktör

机械师
mekaniker

船长
kapten

牙医
tandläkare

科学家
vetenskapsman

拉比
rabbin

伊玛目
imam

和尚
munk

牧师
präst

工具

verktyg

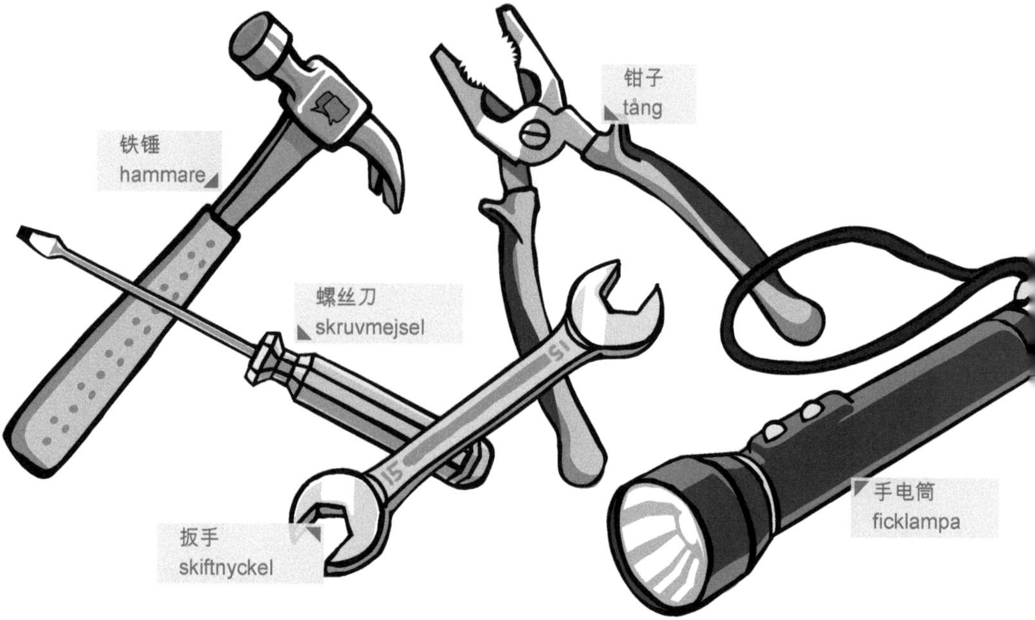
铁锤
hammare
钳子
tång
螺丝刀
skruvmejsel
扳手
skiftnyckel
手电筒
ficklampa

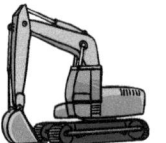

挖掘机

grävmaskin

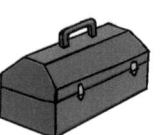

工具箱

verktygslåda

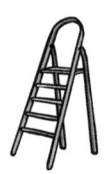

梯子

stege

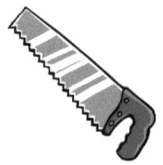

锯子

såg

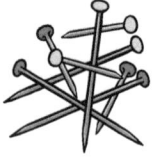

钉子

spik

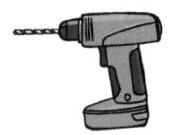

钻机

borr

修
reparera

铲子
spade

靠！
Helvete!

簸箕
sopskyffel

油漆桶
färgburk

螺丝
skruvar

乐器
musikinstrument

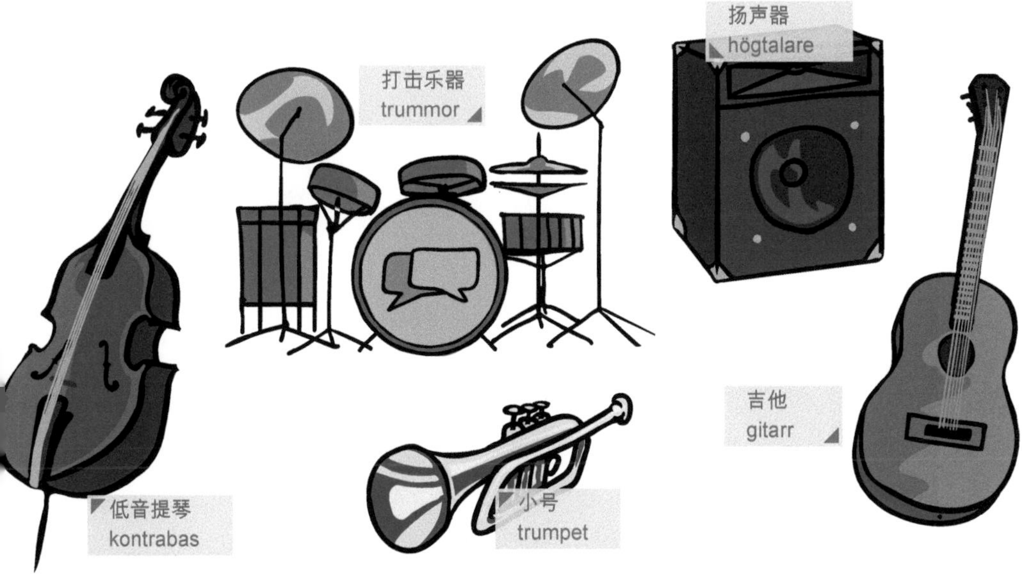

打击乐器
trummor

扬声器
högtalare

吉他
gitarr

低音提琴
kontrabas

小号
trumpet

钢琴

piano

小提琴

violin

贝斯

bas

定音鼓

timpani

鼓

trumma

电子琴

keyboard

萨克斯管

saxofon

长笛

flöjt

麦克风

mikrofon

入口
ingång

老虎
tiger

笼子
bur

斑马
zebra

动物饲料
djurfoder

熊猫
panda

动物
djur

大象
elefant

袋鼠
känguru

犀牛
noshörning

大猩猩
gorilla

熊
björn

骆驼

kamel

鸵鸟

struts

狮子

lejon

猴子

apa

火烈鸟

flamingo

鹦鹉

papegoja

北极熊

isbjörn

企鹅

pingvin

鲨鱼

haj

孔雀

páfågel

蛇

orm

鳄鱼

krokodil

动物园管理员

djurskötare

海豹

säl

美洲豹

jaguar

动物园 - zoo

矮种马

ponny

豹

leopard

河马

flodhäst

长颈鹿

giraff

老鹰

örn

野猪

vildsvin

鱼

fisk

龟

sköldpadda

海象

valross

狐狸

räv

羚羊

gazell

体育
sport

橄榄球
amerikansk fotboll

骑自行车
cykling

网球
tennis

篮球
basket

游泳
simning

拳击
boxning

冰球
ishockey

英式足球
fotboll

羽毛球
badminton

田径
friidrott

手球
handboll

滑雪
skidåkning

马球
polo

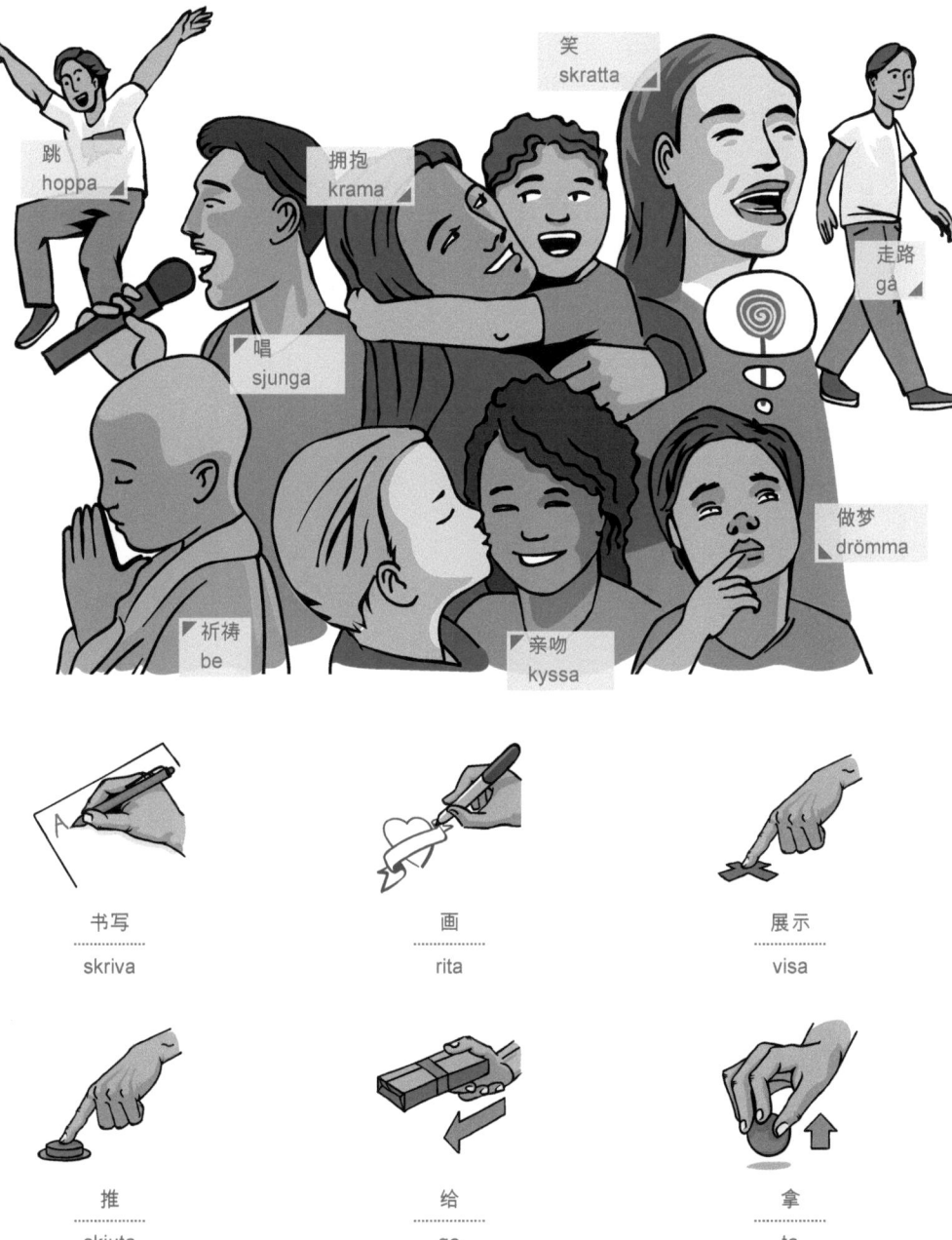

跳
hoppa

笑
skratta

拥抱
krama

走路
gå

唱
sjunga

祈祷
be

亲吻
kyssa

做梦
drömma

书写
skriva

画
rita

展示
visa

推
skjuta

给
ge

拿
ta

有
hagel

做
göra

当
vara

站
stå

跑
springa

拉
dra

扔
kasta

摔倒
falla

躺
ligga

等待
vänta

携带
bära

坐
sitta

穿衣
klä på

睡觉
sova

醒来
vakna

看
se på

哭
gråta

抚摸
smeka

梳头
kamma

交谈
prata

明白
förstå

问
fråga

听
höra

喝
dricka

吃
äta

清理
städa

爱
älska

做饭
laga mat

开车
köra

飞
flyga

航行

segla

计算

räkna

读

läsa

学习

lära sig

工作

arbeta

结婚

gifta sig

缝

sy

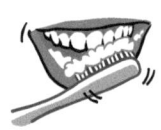

刷牙

borsta tänderna

杀

döda

抽烟

röka

寄

skicka

祖母
mormor/farmor

祖父
morfar/farfar

父亲
pappa

母亲
mamma

婴童
baby

女儿
dotter

儿子
son

客人
gäst

阿姨
moster/faster

叔叔
farbror/morbror

兄弟
bror

姐妹
syster

身体

kropp

前额
panna
眼睛
öga
肩膀
skuldra
手指
finger
脸
ansikte
下巴
haka
手
hand
腿
ben
乳房
bröst
手臂
arm

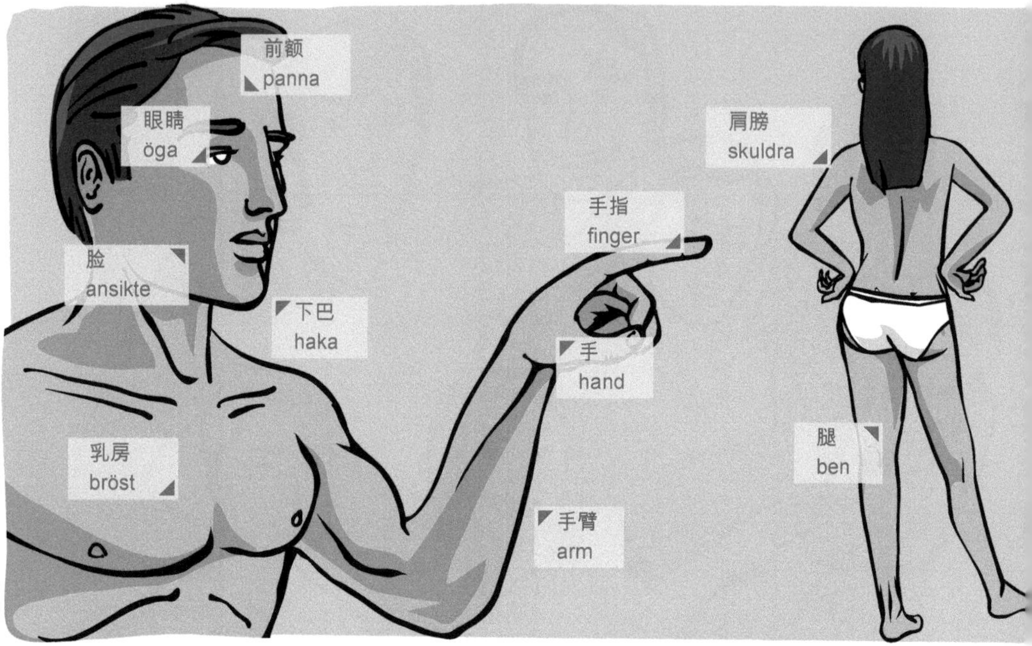

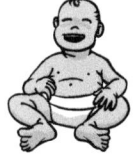

婴童

baby

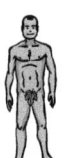

男人

man

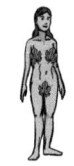

女人

kvinna

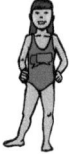

女孩

flicka

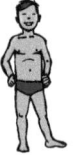

男孩

pojke

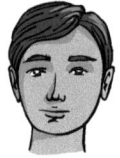

头

huvud

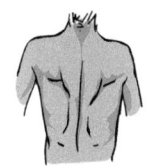

背部
rygg

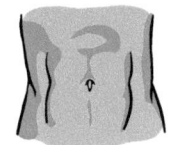

肚子
mage

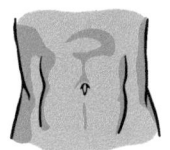

肚脐
navel

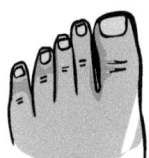

脚趾
tå

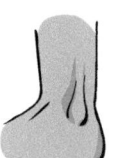

脚后跟
häl

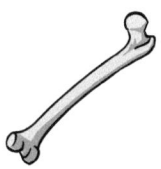

骨头
ben

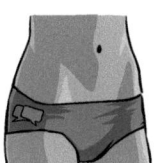

臀部
höft

膝盖
knä

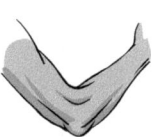

手肘
armbåge

鼻子
näsa

屁股
stjärt

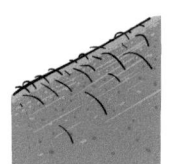

皮肤
hud

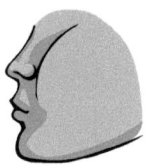

脸颊
kind

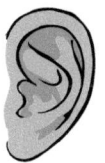

耳朵
öra

嘴唇
läpp

身体 - kropp

嘴
mun

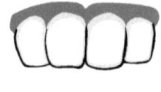

牙齿
tand

舌头
tunga

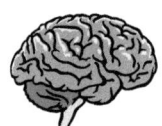

脑
hjärna

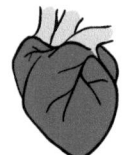

心脏
hjärta

肌肉
muskel

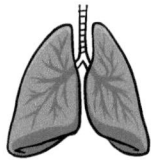

肺
lunga

肝脏
lever

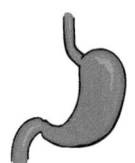

胃
magsäck

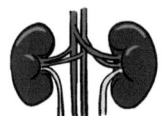

肾脏
njurar

性交
sex

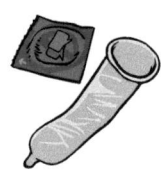

避孕套
kondom

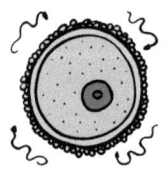

卵子
äggcell

精子
sperma

怀孕
graviditet

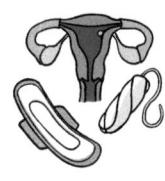

月经

menstruation

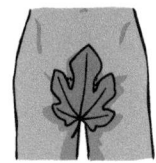

阴道

vagina

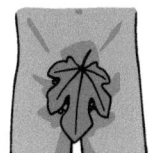

阴茎

penis

眉毛

ögonbryn

头发

hår

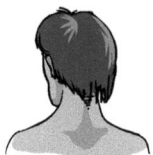

脖子

nacke

医院
sjukhus

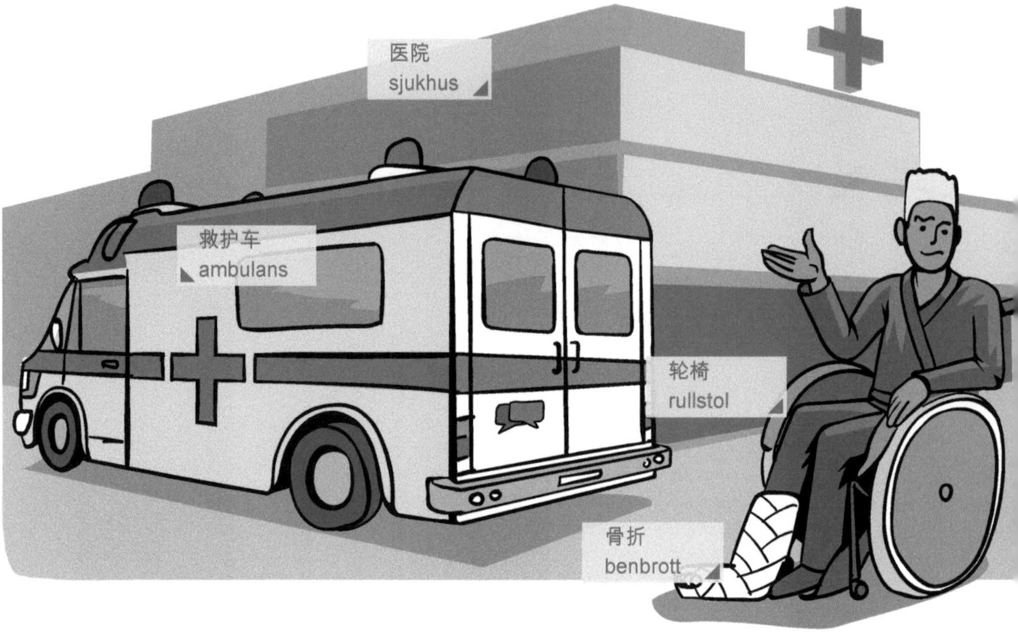

医院
sjukhus
救护车
ambulans
轮椅
rullstol
骨折
benbrott

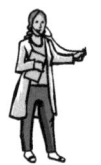

医生

läkare

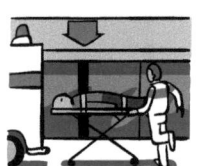

急诊室

akutmottagning

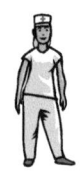

护士

sjuksköterska

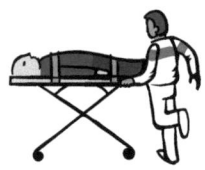

紧急情况

nödsituation

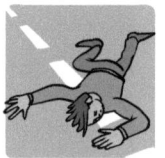

昏迷

medvetslös

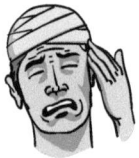

痛

smärta

受伤

skada

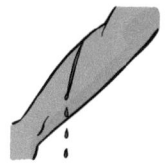

出血

blödning

心脏病发作

hjärtattack

中风

slaganfall

过敏

allergi

咳嗽

hosta

发烧

feber

流感

influensa

腹泻

diarré

头痛

huvudvärk

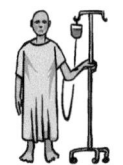

癌症

cancer

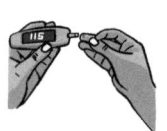

糖尿病

diabetes

外科医生

kirurg

手术刀

skalpell

手术

operation

医院 - sjukhus

CT

CT

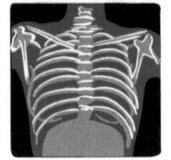

X光

röntgen

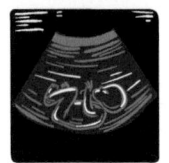

超声波

ultraljud

口罩

ansiktsmask

疾病

sjukdom

候诊室

väntsal

拐杖

krycka

石膏

plåster

绷带

bandage

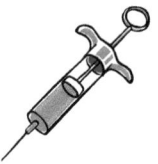

注射

injektion

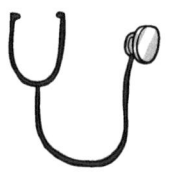

听诊器

stetoskop

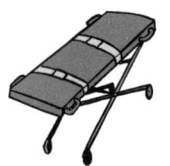

担架

bår

体温计

termometer

出生

födsel

超重

övervikt

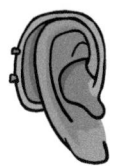

助听器

hörapparat

消毒液

desinfektionsmedel

感染

infektion

病毒

virus

艾滋病

HIV / AIDS

药物

medicin

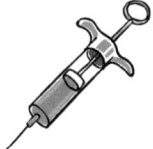

接种疫苗

vaccination

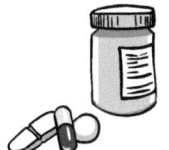

药片

tabletter

药丸

p-piller

急救电话

nödsamtal

血压计

blodtrycksmätare

生病/健康

sjuk / frisk

救命！

Hjälp!

警报

alarm

突击

överfall

攻击

misshandel

危险

fara

紧急出口

nödutgång

着火啦！

Det brinner!

灭火器

brandsläckare

意外

olycka

急救箱

förbandslåda

呼救信号

SOS

警察

polis

欧洲

Europa

北美洲

Nordamerika

南美洲

Sydamerika

非洲

Afrika

亚洲

Asien

澳洲

Australien

大西洋

Atlanten

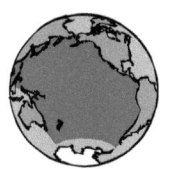

太平洋

Stilla Havet

印度洋

Indiska Oceanen

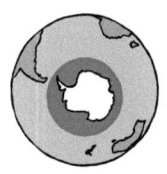

南冰洋

Antarktiska Oceanen

北冰洋

Arktiska Oceanen

北极

Nordpol

南极

Sydpol

南极洲

Antarktis

地球

Jorden

陆地

land

海

hav

岛

ö

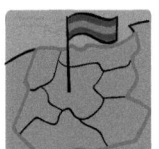

国家

nation

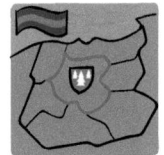

国家

stat

钟面

urtavla

时针

timvisare

分针

minutvisare

秒针

sekundvisare

现在几点？

Vad är klockan?

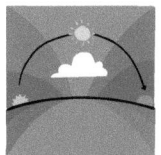

天

dag

时间

tid

现在

nu

电子表

digital klocka

分

minut

时

timme

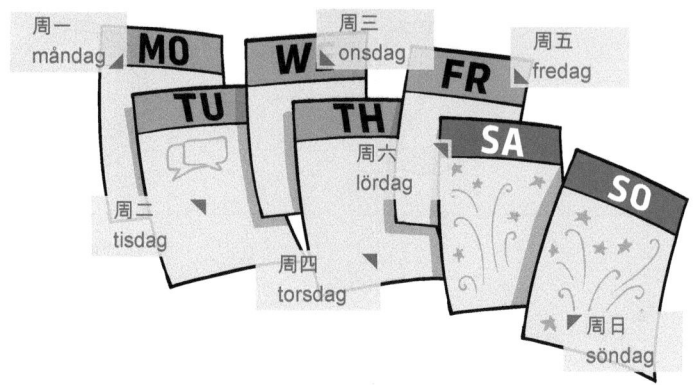

周一 måndag
周二 tisdag
周三 onsdag
周四 torsdag
周五 fredag
周六 lördag
周日 söndag

昨天
igår

今天
idag

明天
imorgon

早晨
morgon

中午
middag

晚上
kväll

MO	TU	WE	TH	FR	SA	SU
1	2	3	4	5	6	7
8	9	10	11	12	13	14
15	16	17	18	19	20	21
22	23	24	25	26	27	28
29	30	31	1	2	3	4

工作日
vardagar

MO	TU	WE	TH	FR	SA	SU
1	2	3	4	5	6	7
8	9	10	11	12	13	14
15	16	17	18	19	20	21
22	23	24	25	26	27	28
29	30	31	1	2	3	4

周末
helg

雨
regn

彩虹
regnbåge

风
vind

雪
snö

春
vår

秋
höst

夏
sommar

冬
vinter

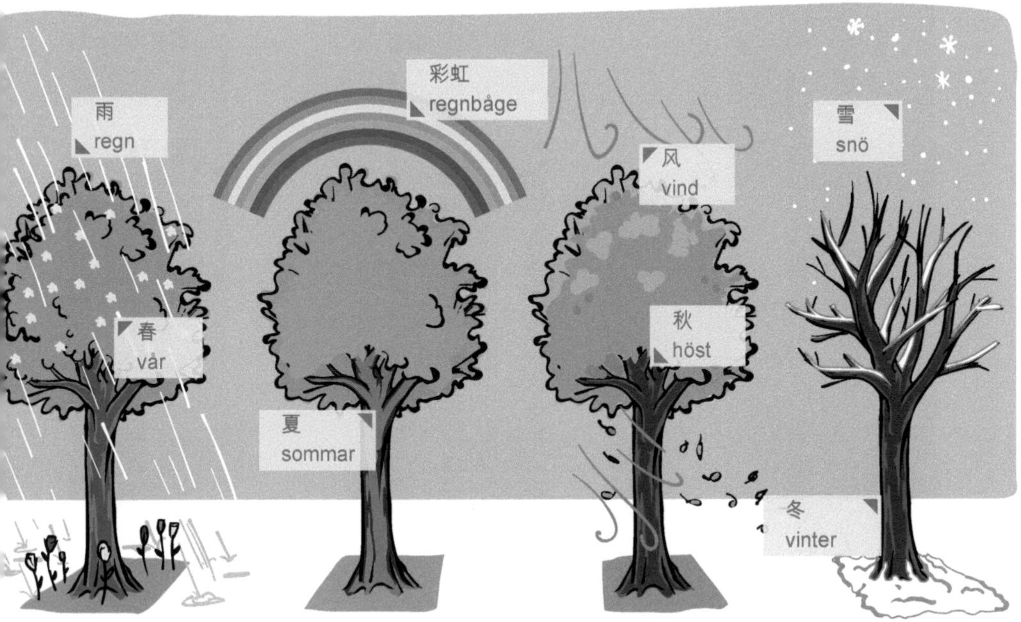

天气预报

väderprognos

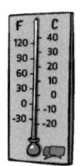

温度计

termometer

阳光

solsken

云

moln

雾

dimma

潮湿

luftfuktighet

闪电

blixt

打雷

åska

风暴

storm

冰雹

hagel

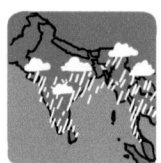

季风

monsun

洪水

översvämning

冰

is

一月

januari

二月

februari

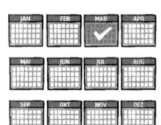

三月

mars

四月

april

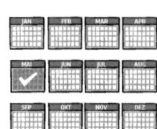

五月

maj

六月

juni

七月

juli

八月

augusti

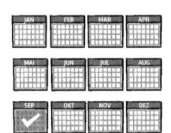

九月

september

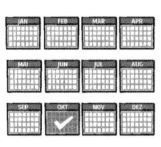

十月

oktober

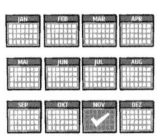

十一月

november

十二月

december

形状
former

圆形

cirkel

正方形

kvadrat

长方形

rektangel

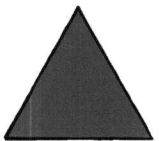

三角形

triangel

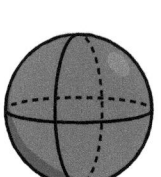

球体

sfär

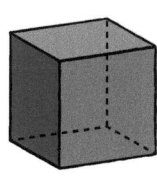

立方体

kub

白

vit

黄

gul

橙

orange

粉

rosa

红

röd

紫

lila

蓝

blå

绿

grön

棕

brun

灰

grå

黑

svart

很多/少许

mycket / lite

生气/平静

arg / lugn

美/丑

vacker / ful

首/尾

början / slut

大/小

stor / liten

明/暗

ljus / mörk

兄弟/姐妹

bror / syster

干净/肮脏

ren / smutsig

完整/缺失

komplett / ofullständig

白天/晚上

dag / natt

死/生

död / levande

宽/窄

bred / smal

可食用/非食用

ätlig / oätlig

邪恶/善良

ond / god

兴奋/无聊

upphetsad / uttråkad

胖/瘦

tjock / smal

第一/最后

först / sist

朋友/敌人

vän / fiende

满/空

full / tom

硬/软

hård / mjuk

重/轻

tung / lätt

饿/渴

hunger / törst

生病/健康

sjuk / frisk

非法/合法

olaglig / laglig

聪明/愚笨

intelligent / dum

左/右

vänster / höger

近/远

nära / långt bort

新/旧

ny / begagnad

没有/有些

inget / något

老/幼

gammal / ung

开/关

på / av

打开/合上

öppen / stängd

安静/吵闹

tyst / högljudd

富/穷

rik / fattig

对/错

rätt / fel

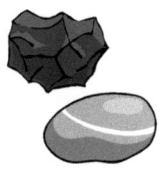

粗糙/光滑

grov / slät

伤心/高兴

ledsen / glad

短/长

kort / lång

慢/快

långsam / snabb

湿/干

våt / torr

温暖/凉爽

varm / sval

战争/和平

krig / fred

0

零
noll

1

一
ett

2

二
två

3

三
tre

4

四
fyra

5

五
fem

6

六
sex

7

七
sju

8

八
åtta

9

九
nio

10

十
tio

11

十一
elva

12
十二
tolv

13
十三
tretton

14
十四
fjorton

15
十五
femton

16
十六
sexton

17
十七
sjutton

18
十八
arton

19
十九
nitton

20
二十
tjugo

100
百
hundra

1.000
千
tusen

1.000.000
百万
miljon

英语
....
engelska

美式英语
....
amerikansk engelska

普通话
....
kinesisk mandarin

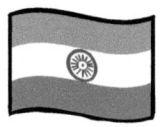

印地语
....
hindi

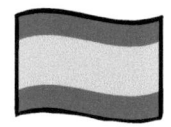

西班牙语
....
spanska

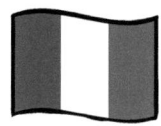

法语
....
franska

阿拉伯语
....
arabiska

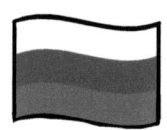

俄语
....
ryska

葡萄牙语
....
portugisiska

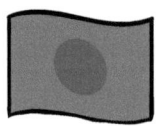

孟加拉语
....
bengali

德语
....
tyska

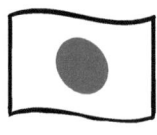

日语
....
japanska

我

jag

你

du

他/她/它

han / hon / den (det)

我们

vi

你们

ni

他们

de

谁？

vem?

什么？

vad?

怎样？

hur?

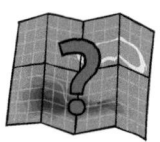

哪里？

var?

什么时候？

när?

名字

namn

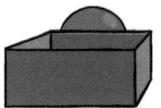

后面

bakom

里面

i

前面

framför

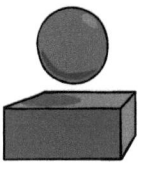

上方

över

上面

på

下面

under

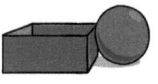

旁边

bredvid

中间

mellan

地点

plats